DIE KLEINEN UNTERSCHIEDE VOM TM 21 ZUM TM 31

TM 21	TM 31
Rühren: Stufe 1–3, 100–1000 U/Min.	Sanftrührstufe: Kochlöffelsymbol, 40 U/Min.
Mixen/Pürieren: Stufe 4–9, 2000–9100 U/Min.	Rühren: Stufe 1–3, 100–500 U/Min.
Turbomixen: „Turbo", 12.000 U/Min.	Mixen/Pürieren: Stufe 4–9, 1100–7600 U/Min.
Brotstufe: Intervall, ca. 6000 U/Min.	Turbo: Stufe 10 od. Turbotaste, 10200 U/Min.
	Brotstufe: ähnlich wie bei TM 21 und automatischer Linkslauf

Bei der Umrechnung der Rezepte von TM 21 auf TM 31 ist nur auf die Stufen 3 und 4 zu achten. Stufe 3 mixt beim TM 31 schon, während beim TM 21 noch gerührt wird. Alles andere ist gleich!

	Abkürzungen	
LL = Linkslauf	gem. = gemahlen	TK = tiefgekühlt
Sek. = Sekunden	P. = Päckchen/Packung	O/U = Ober-/Unterhitze
Min. = Minuten	TL = Teelöffel	Msp. = Messerspitze
St. = Stück	EL = Esslöffel	l = Liter
g = Gramm	MB = Messbecher	ml = Milliliter
kg = Kilogramm	gr. = groß	Fl. = Flasche
U/Min. = Umdrehungen/ Minute	kl. = klein	Pr. = Prise

ZUTATEN, DIE IMMER AUF DIE GLEICHE WEISE HERGESTELLT WERDEN:

TM 21	TM 31
Eiweiß im Thermomix:	Rühraufsatz in den Mixtopf setzen und ca. 4 Min./Stufe 3 steif schlagen.
Diverse Nüsse mahlen:	30 Sek./Stufe 10 mahlen.
Blockschokolade mahlen:	30 Sek./Stufe 10 mahlen.

Rezepte

Liebe Thermomix-Fans

Wieder einmal gibt es ein neues Rezeptheft von uns! Diesmal in DIN A5 gedruckt und gebunden. Sie kennen sicherlich unsere Rezeptbücher/-mappen mit all den schönen abwechslungsreichen Rezepten für den Thermomix! Diese Rezepte sind für TM 31 und auch TM 21 geeignet, da es in der Rezepteherstellung kaum Unterschiede gibt! Unsere Erfahrung seit vielen Jahren, damals schon mit dem TM 3300, wird Ihnen helfen, jedes Rezept spielend nachzumachen oder sogar noch anders zu gestalten, wie Sie es wünschen.

VIEL SPASS MIT DEN REZEPTEN

Aufläufe

BLUMENKOHL-CURRY-AUFLAUF

ZUTATEN

1 kleinen Blumenkohl
8 kleine Kartoffeln
150 g Putenbrustfilet in Würfel
Salz
Pfeffer
Worcestersoße
Kräutermischung
Soße:
300 g Garsud
200 g fettarme Milch
40 g Butter
40 g Mehl
1 gehäuften TL Curry
Salz, Pfeffer
Muskat
Zum Überbacken:
1 Tüte Käse (Gouda o.ä)

ZUBEREITUNG

Blumenkohl in kleine Röschen teilen und in den Varoma legen. Kartoffeln schälen und in den Gareinsatz legen. Putenbrustfilet in Würfel schneiden, mit Salz, Pfeffer, Worcestersoße und Kräutermischung würzen. Auf den Einlegeboden geben. In den Mixtopf 500 g Wasser gießen, Salz dazu, Gareinsatz einhängen, Deckel schließen, Varoma aufsetzen und **20 Min./Varoma/Stufe 2** garen. Fleisch, Kartoffeln und Blumenkohl in eine Auflaufform geben. Nun Garsud, Milch, Butter, Mehl, Curry, Salz, Pfeffer und Muskat dazugeben und **4 Min./100 °C /Stufe 3** einkochen lassen. Die Soße über den Auflauf gießen. Mit Käse bedecken (habe eine Tüte genommen, man kann auch Käse im Mixtopf zerkleinern **Stufe 6-7**). Für 15 Minuten unter den Grill schieben und bei 175 °C überbacken.

Variante: Man kann noch eine ½ Tasse gefrorene Erbsen dazu geben.

GYROS-NUDEL-AUFLAUF

ZUTATEN

1 kg Gyros
2 Gläser Champignons
350g Gabelspaghetti
(oder Spaghetti
2x durchgebrochen)
2 Becher Sahne
1 Becher Creme fraiche
1 Tüte Zwiebelsuppe

ZUBEREITUNG

Die Nudeln in Salzwasser al dente kochen. Das Gyrosfleisch in einer beschichteten Pfanne ohne Öl kurz anbraten. Inzwischen den Ofen auf 180° C vorheizen. Nudeln abschütten und zusammen mit Fleisch und Pilzen in eine Auflaufform geben. Die restlichen Zutaten im Mixtopf **5 Sek./Stufe 4** vermischen und über den Auflauf gießen. Ca. 40 Minuten überbacken.

Zutaten für 4 Personen

KARTOFFEL-SCHINKEN-AUFLAUF

ZUTATEN

750g Wasser
900g Kartoffeln (festkochend)
400g gekochter Schinken in dicken Scheiben
2 mittelgroße Zwiebeln
30g Butter
30g Mehl
¼ l Milch
2 TL Gemüsebrühe (Instant)
2 EL körniger Senf
½ TL Salz
3 Prisen weißen Pfeffer
1 TL Majoran

ZUBEREITUNG

Wasser in den Mixtopf füllen und den Garkorb einsetzen. Kartoffeln schälen, waschen, vierteln und in den Garkorb legen. Mixtopf verschließen und **30 Min./Varoma/Stufe 1** garen. In der Zwischenzeit den Schinken würfeln und die Zwiebeln schälen. Eine Auflaufform einfetten. Die garen Kartoffeln in die Auflaufform legen und die Schinkenwürfel darüber streuen. Mixtopf ausspülen. Butter hineingeben und **1 Min./Varoma/Stufe 1** zergehen lassen. Zwiebeln dazugeben und auf **Stufe 5** zerkleinern, **2 Min./Varoma/ Stufe 1** andünsten. Mehl, Milch und Gemüsebrühe dazu und **7 Min./90 °C /Stufe 1** köcheln lassen. In den letzten 2 Min. Senf, Salz, Pfeffer und Majoran hinzufügen. Die Soße über die Kartoffeln und den Schinken gießen. In einem vorgeheizten Backofen bei 200°C (Umluft: 175 °C) 10 Minuten goldbraun überbacken.

NUDEL-SCHINKEN-AUFLAUF

Zutaten für 2-3 Personen

ZUTATEN

160 g rohe Nudeln
150 g gekochten Schinken kleingeschnitten
Im TM:
150 g Käse (Emmentaler, Gouda oder gemischt)
500 ml Wasser
100 ml Sahne
1 Brühwürfel
Salz, Pfeffer, Ital. Kräuter, Paprikapulver
1- 2 TL Tomatenmark
1 -2 TL Mehl

ZUBEREITUNG

Ofen vorheizen auf 200 °C Umluft 180 °C (ohne Vorheizen) Nudeln und den gekochten Schinken in eine Auflaufform geben. Käse im Mixtopf **2-3 Sek./Stufe 7** zerkleinern und umfüllen. Topf säubern. Dann Wasser, Sahne, Brühwürfel, Salz, Pfeffer, Ital. Kräuter, Paprikapulver, Tomatenmark und Mehl in den Mixtopf geben und ca. **8 Min. /100 °C/Stufe 2** zum Kochen bringen. Gut abschmecken. Die Soße sollte nicht zu dick sein. Jetzt die kochende Soße über die Nudeln und den Schinken geben, die Nudeln müssen komplett mit der Soße bedeckt sein. Den geriebenen Käse darüber streuen und im Backofen ca. 25-30 Min. überbacken.

Anmerkung: Man kann auch 200 g Sahne und 400 ml Wasser nehmen.

SPINATAUFLAUF

ZUTATEN

100g Spinat
100g Kartoffeln
30g Gouda
1TL Öl
1MB Wasser
1EL Sahne

ZUBEREITUNG

Kartoffeln schälen, waschen und in dünnen Scheiben in den Gareinsatz geben. 1 Liter Wasser in den Mixtopf geben und **15 Min./100 °C/Stufe 1** garen. Nach 10 Minuten den Spinat durch die Deckelöffnung zugeben. Nach Ablauf der Zeit alle Zutaten in den Mixtopf geben und **20 Sek./Stufe 8** mixen.

Anmerkung: Falls gewünscht kann das Ganze in eine Auflaufform ca. 5 Minuten bei 180°C im Backofen überbacken werden.

Beilagen und Gemüse

BOHNEN-TOMATEN-GEMÜSE

ZUTATEN

80 g rote Zwiebeln
1 Knoblauchzehe
20 g Olivenöl120 g Gemüsebrühe
1 kleine Dose Tomaten
500 g grüne Bohnen in Stücken
½ TL Salz
1 Prise Pfeffer
½ TL getrocknetes Bohnenkraut
250 g halbierte Kirschtomaten

ZUBEREITUNG

Zwiebeln, Knoblauchzehe in den Mixtopf geben und **5 Sek./Stufe 5** zerkleinern. Olivenöl zugeben und **3 Min./Varoma/Stufe 1** dünsten. Gemüsebrühe, Tomaten, grüne Bohnen, Salz, Pfeffer, Bohnenkraut ebenfalls zugeben und **25 Min./100 °C/Stufe 1** garen. Nun noch die Kirschtomaten einfüllen und 5 Min. weitergaren lassen.

KARTOFFELPÜREE

ZUTATEN

400 g Milch,
50 g Butter
1 ½ TL Salz
900 g rohe
geschälte Kartoffeln

ZUBEREITUNG

Rühraufsatz in den Mixtopf einsetzen! Rohe Kartoffeln schälen, achteln und in den Mixtopf geben. Milch wiegen, Butter und Gewürze zugeben und **35 Min/100 °C/Stufe 2** garen. Dann **5 Sek./Stufe 3** pürieren.

Brot und Brötchen

BAGUETTE

ZUTATEN

100 g Dinkel- oder Weizenkörner
400 g Mehl (Type 405)
1 Würfel Hefe
40 g Öl
270 g warmes Wasser
½ TL Salz
1 Prise Zucker

ZUBEREITUNG

Getreidekörner in den Mixtopf geben und **30-60 Sek./Stufe 10** mahlen. Restliche Zutaten zugeben und **2 Min. /Brotstufe** kneten lassen. Aus dem Teig Baguettes formen, einschneiden und im nicht vorgeheizten Backofen ca. 30 Min. bei 200 °C backen.

BAUERNBROT A LA MAMA

ZUTATEN

300 g Roggenmehl
400 g Dinkelmehl
1 TL Salz
1 TL Brotgewürz
1 Hefe
2 EL Sauerteigpulver
500 ml lauwarmes Wasser

ZUBEREITUNG

Beide Mehlsorten mit Salz und Brotgewürz, Hefe, Sauerteigpulver und lauwarmen Wasser in den Mixtopf geben und alles **2 ½ Min./Brotstufe** verkneten. Anschließend ca. 45 Min. bei 50 °C gehen lassen (gleich auf Backfolie und Rost). Backzeit: 15 Min. bei 225 °C dann 55 min. bei 190 °C/ Ober- u. Unterhitze.

BRÖTCHENSONNE

ZUTATEN

350 g Weizenmehl (Typ 550)
150 g Hartweizengrieß
½ Würfel Hefe
2 EL Olivenöl
1 TL Salz
250 g Wasser (lauwarm)
verschiedene Saaten
(Sesam, Sonnenblumenkerne, Kürbiskerne, …)

ZUBEREITUNG

Mehl, Hartweizengrieß, Hefe, Olivenöl, Salz und Wasser in den Mixtopf geben und **1 Min./Brotstufe** kneten. Den Teig umfüllen und zugedeckt ca. 30 Min. gehen lassen. Schöne Brötchen formen, mit der Oberhälfte in etwas Wasser tauchen und anschließend in ein Saatschälchen drücken. Die Brötchen als Brötchensonne auf einem Backblech anordnen. Nochmals 30 Minuten gehen lassen und anschließend ca. 20 Minuten bei 200 °C backen.

BÜRLI AUS DER SCHWEIZ

ZUTATEN

400 g Weizenmehl Type 550
oder Dinkelmehl Type 630
100 g Roggenmehl
½ Würfel Frischhefe
2 TL Salz
340 g kaltes Wasser

ZUBEREITUNG

Weizenmehl, Roggenmehl, Hefe, Salz in den Mixtopf geben und kurz **Stufe 4** vermengen. Danach 340 g kaltes Wasser hinzugeben und **2 ½ Min./Brotstufe** durchkneten. Den Teig im Anschluss in eine Schüssel mit fest verschließbarem Deckel und über Nacht in den Kühlschrank stellen. Am nächsten Morgen sticht man vom Teig einfach mit einem Esslöffel 10-12 Häufchen ab und setzt diese auf Backpapier. Sie müssen nicht schön aussehen. Nun 20 Min. sehr kross ausbacken. (Ober- und Unterhitze) so heiß wie möglich backen.

CIABATTA

ZUTATEN

500 g Mehl
1 Würfel Hefe
300 ml warmes Wasser
1 - 2 TL Salz

ZUBEREITUNG

Mehl, Hefe, warmes Wasser und Salz ca. **2 Min./Brotstufe** verkneten. Dann 15 Min./50 °C im Backofen gehen lassen und anschließend 35 Min. bei 200 °C backen.

DINKELSEMMELN

ZUTATEN

100 g Dinkel
½ TL Brotgewürz
250 g Mehl (1050)
1 TL Salz
1 TL Zucker
½ Würfel Hefe
270 ml warmes Wasser
Körner zum Ausstreuen

ZUBEREITUNG

Dinkel, Rösch in den Mixtopf geben und **30 Sek./Stufe 10** mahlen. Mehl, Salz, Zucker, Hefe, warmes Wasser dazu geben und **2 Min./Brotstufe** verkneten. Form fetten, mit Körnern ausstreuen, Teig einfüllen, mit Spatel glatt streichen und wiederum mit Körnern bestreuen. Im kalten Backofen 30 Min./200 °C/Ober- Unterhitze backen.

EINFACHE BRÖTCHEN

ZUTATEN

2 TL Salz
320 g Weizenmehl (Typ 550)
2 TL Zucker
½ Würfel Hefe oder
1 P. Trockenhefe
200 ml Wasser (lauwarm – kaltes Wasser, wenn Kühlschrankteig)

ZUBEREITUNG

Alle Zutaten in den Mixtopf geben und **1 ½ Min./ Brotstufe** kneten. Den Teig in eine Schüssel umfüllen und mindestens 1 Stunde oder über Nacht im Kühlschrank gehen lassen. Den Backofen auf 250 °C (Ober- Unterhitze) vorheizen. Den Teig in beliebig viele Stücke teilen. Jedes Teilstück ausrollen und dann wieder zusammenrollen. Auf ein mit Backpapier ausgelegtes Backblech legen. Das Blech in die obere Mitte in den vorgeheizten Backofen schieben und diesen direkt auf 210 °C runter schalten. Die Brötchen 20 Minuten backen.

FLADENBROT

ZUTATEN

500 g Weizenmehl (Typ 550)
1 Würfel Hefe
2 EL Olivenöl
1 TL Trockensauerteig
1 TL Salz
ca. 250 ml Wasser

ZUBEREITUNG

Alle Zutaten in den Mixtopf geben. **2 Min./Brotstufe** kneten lassen. Auf einem Backblech mit Backpapier zu einem oder mehreren Fladen ausdrücken. Ca. 20 Minuten gehen lassen (im Backofen bei 50 °C). Anschließend ca. 20 Minuten bei 200 °C nicht zu dunkel backen.

FLADENBROT

ZUTATEN

400 g Weizenmehl (Typ 405)
30 g Hefe
½ TL Zucker
1 TL Salz
2 ½ MB warmes Wasser
flüssige Butter
Sesam

ZUBEREITUNG

Weizenmehl, Hefe, Zucker, Salz und warmes Wasser in den Mixtopf füllen und **2 Min./Brotstufe** verkneten. 6 Fladen formen, mit flüssiger Butter bestreichen u. mit Sesam bestreuen. 30 Min./50 °C im Backofen gehen lassen, dann bei 200 °C ca. 20 Min. backen.

FRÜCHTEBROT

ZUTATEN

1 Pfund getrocknete gemischte Früchte
1 Kranz Feigen (Früchte halbieren)
200 g Rosinen
½ l Glühwein
100 ml Rum
100 g Zucker
Brotteig:
200 g Dinkel
300 g Mehl
1 Würfel Hefe
1 TL Zucker
1 TL Salz
300 ml lauwarmes Wasser
200 g Haselnüsse

ZUBEREITUNG

Getrocknete gemischte Früchte, Feigen (Früchte halbieren), Rosinen in eine Schüssel geben und am Abend vorher in Glühwein, Rum u. Zucker einweichen. **Brotteig:** Dinkel **2 Min./Stufe 10** mahlen, dazu Mehl, Hefe, Zucker, Salz und lauwarmes Wasser geben und **2 Min./ Brotstufe** verkneten. Haselnüsse zu den eingeweichten Früchten geben und fest mit dem Brotteig vermischen. In 2 Kastenformen ca. 55 Min./180 °C backen.

KARTOFFELBROT

ZUTATEN

250 g gekochte Kartoffeln
500 Weizenmehl (Typ 405)
1 Würfel Hefe
1 TL Salz
1 TL gemahlener Kümmel oder Koriander
150 ml Milch
100 ml Wasser

ZUBEREITUNG

Die Kartoffeln in den Mixtopf geben, **8 Sek./Stufe 3** zerkleinern und umfüllen. Milch, Wasser und Hefe in den Mixtopf geben und **1 Min./40 °C/Stufe 2** erwärmen. Die Kartoffeln und die restlichen Zutaten zufügen und **2 Min./Brotstufe** zu einem glatten Teig verarbeiten. Den Teig ca. 30 Minuten im Mixtopf gehen lassen, anschließend nochmals kurz durchkneten und zu einem runden oder länglichen Laib formen. Auf ein mit Backpapier ausgelegtes Backblech setzen. Im Backofen 10 Minuten bei 50 °C gehen lassen und anschließend ca. 40 Minuten bei 225 °C backen. (Evtl. nach der Hälfte der Zeit mit Pergamentpapier abdecken, sonst wird es zu dunkel.)

KRÄUTERBUTTER-FALTENBROT

ZUTATEN

750 g Weizenmehl
400 bis 450 ml Wasser (lauwarm)
1 Würfel Hefe
1 TL Zucker
2 TL Salz
5 EL Öl
250 g Kräuter- oder Knoblauchbutter
oder 125 g Kräuterbutter
125 g flüssige Butter
1 P. Zwiebelsuppe

ZUBEREITUNG

Weizenmehl, 400 ml Wasser (evtl. Wasser später noch nachgießen), Hefe, Zucker, Salz und Öl in den Mixtopf geben. **3 Min./Brotstufe** kneten. Den Teig gehen lassen und anschließend auf die Größe eines Backbleches ausrollen. Die weiche Kräuterbutter darauf streichen. Mit einem stumpfen Teigrädchen ca. 6 cm breite Streifen schneiden und diese wie eine Ziehharmonika zusammenlegen. Die Streifen nun hochkant (so, dass man das Gefächerte von oben sieht) in eine dichte (sonst läuft die Butter raus) Springform stellen. Nochmals gut gehen lassen. Anschließend bei 180 °C ca. 40 bis 50 Minuten backen.

MISCHBROT

ZUTATEN

200 g Mehl (Typ 405)
200 g Roggenmehl (Typ 997)
200 g Mehl (Typ 1050)
½ Würfel Hefe
1 TL Zucker
1 TL Salz
400 g warmes Wasser
1 EL Kümmel
(ganz oder gemahlen)

ZUBEREITUNG

Mehl (Typ 405), Roggenmehl (Typ 997), Mehl (Typ 1050), Hefe, Zucker, Salz, warmes Wasser, Kümmel (ganz oder gemahlen) in den Mixtopf geben und **3 Min./Teigknetstufe** kneten (wer möchte, kann 1 Min. vor Ablauf der Zeit versch. Körner dazugeben). Im Topf 30 Min. gehen lassen – auf etwas Mehl einen runden Laib formen – mit Wasser bestreichen u. mit Gabel Löcher in den Teig stechen. Schale mit Wasser in den Backofen stellen. 45-50 Min./Umluft/200 °C backen. Zum Schluss nochmals mit Wasser bestreichen.

OLIVENKRANZ

ZUTATEN

200 g Dinkel
300 g Weizenmehl (Typ 405)
1 Würfel Hefe
½ MB Öl
1 TL Salz
240 g Wasser
100 g Oliven (entsteint, schwarz oder grün)

ZUBEREITUNG

Dinkel in den Mixtopf geben. **2 Min./Stufe 10** fein mahlen. Mehl, Hefe, Öl, Salz und Wasser zugeben und **2 Min./Brotstufe** kneten (bei einer Restzeit von 45 Sekunden die Oliven zugeben). Den Teig kurz mit Wasser besprühen und 30 Minuten bei 200 °C backen.

SCHNELLE QUARKBRÖTCHEN

ZUBEREITUNG

Quark, Ei, Mehl, Backpulver, Salz in den Mixtopf füllen und **2 Min./Brotstufe** zu einem Teig verarbeiten. Aus dem Teig mit nassen Händen Semmeln formen, kurz mit einer Seite ins Wasser tunken und in Körner wälzen (Sesam, Mohn, Kümmel etc.). 25 Min./200 °C/Heißluft backen.

ZUTATEN

250 g Quark
1 Ei
300 g Mehl
1 P. Backpulver
½ TL Salz
etwas Wasser
Körner zum Wälzen (Sesam, Mohn, Kümmel etc.)

SCHOKOBRÖTCHEN

ZUBEREITUNG

Milch, Hefe, Zucker, Vanillezucker, Mehl, Salz, Öl und Ei in den Mixtopf geben und **3 Min./Brotstufe** kneten. Den Teig in eine Schüssel umfüllen und ca. 1 Stunde gehen lassen. Anschließend den Teig nochmals per Hand gut durchkneten, eine Rolle formen und Teigstücke abschneiden. Die Teigstücke kurz ausrollen, die Schokotröpfchen leicht eindrücken, wieder aufrollen und zu einer Kugel formen. Anschließend mit Milch bestreichen. Ca. 15 bis 20 Minuten bei 200 °C backen.

ZUTATEN

250 ml Milch
1 Würfel Hefe
80 g Zucker
1 P. Vanillezucker
500 g Mehl
1 TL Salz
30 g Öl
1 Ei
2 P. Schokotröpfchen

SCHOKOLADENBROT

ZUTATEN

250 g Blockschokolade
250 g Butter
250 g Zucker
6 Eier
20 g Nüsse oder Mandeln
Schokoladenglasur

ZUBEREITUNG

Blockschokolade in den Mixtopf geben und ca. **10 Sek./Stufe 8** zerkleinern und in eine Schüssel umfüllen. Mixtopf muss für die weitere Verarbeitung nicht gespült werden. Nun Butter, Zucker, Eier dazugeben **3 Min./40 °C/Stufe 5** erwärmen und mischen. Nüsse oder Mandeln dazu geben und **20 Sek./Stufe 7** mixen. Die geriebene Schokolade auf Stufe 1 kurz unterrühren. Teig auf ein gefettetes Backblech gleichmäßig dick streichen, bei schwacher Hitze ca. 150 °C ca. 35 Min. backen. Den Teig nach dem Backen sofort in 5 cm lange u. 3 cm breite Streifen schneiden. Oberseite gleichmäßig mit Schokolade überziehen.

SEELEN ODER KNAUTZENSEMMELN

ZUTATEN

500 g Mehl (1050 oder gemischt)
380 ml warmes Wasser
2 TL Salz
½ TL Zucker
1 Würfel Hefe

ZUBEREITUNG

Mehl (1050 oder gemischt), warmes Wasser, Salz, Zucker und Hefe in den Mixtopf geben und **2 ½ Min./Brotstufe** verarbeiten. Im Mixtopf ca. 30 Min. gehen lassen bis zur doppelten Größe. Auf einer bemehlten Arbeitsfläche ca. 8 Portionen Teig abstechen, formen u. auf Backpapier legen. Mit Wasser bestreichen u. mit Kümmel, Sesam, Mohn, Brezelsalz usw. bestreuen. Bei 200-220 °C backen.

SONNTAGSBRÖTCHEN

ZUTATEN

200 g Weizen
300 g Weizenmehl
1 P. Backpulver
2 TL Salz
1 EL Zucker
500 g Magerquark
2 Eier
3 EL Milch
50 g Sonnenblumenkerne

ZUBEREITUNG

Weizen ca. **1 ½ Min./Stufe 10** mahlen dann Weizenmehl, Backpulver, Salz, Zucker, Magerquark, Eier, Milch und die Sonnenblumenkerne in den Mixtopf dazu geben und **2 Min./ Brotstufe** verkneten. Nun Brötchen/ Semmeln formen und 30 Min./180 °C backen.

TOMATEN-KNOBLAUCH-BROT

ZUTATEN

200 g Dinkel oder Weizen
4 Knoblauchzehen
1 kleine Zwiebel
30 g getrocknete Tomaten (nicht in Öl)
400 g Weizenmehl (Typ 550)
1 EL Zucker
1 EL Olivenöl
1 TL Salz
1 TL Rosmarin
1 Würfel Hefe
280 bis 300 ml Wasser

ZUBEREITUNG

Dinkel in den Mixtopf geben, **1 ½ Min./Stufe 10** fein mahlen und umfüllen. Knoblauch, Zwiebel und Tomaten bei **5 Sek./Stufe 6** zerkleinern. Dinkel und die restlichen Zutaten zugeben. **1 ½ Min./Brotstufe** kneten. Den Teig beliebig formen (als Zwiebelbrot, als Baguette, als Brötchen). 30 Minuten bei 50 °C gehen lassen, dann den Backofen auf 200 °C hochdrehen und weitere ca. 50 Minuten backen.

VOLLKORNTOAST

ZUTATEN

250 g Dinkel
5 MB Milch bzw. Wasser
1 geh. TL Salz
50 g Butter
½ Würfel Hefe
300 g Mehl
ggf. Körner zum Ausstreuen

ZUBEREITUNG

Dinkel im Mixtopf **1 Min./Stufe 10** mahlen. Milch bzw. Wasser, Salz, Butter und Hefe in den Mixtopf füllen und **2 Min./40 °C/Stufe 2** erwärmen. Mehl dazugeben und **2 Min./Teigknetstufe** zu einem Teig verarbeiten, diesen in gebutterte Form geben, ggf. mit Körner ausstreuen. 50 Min./50 °C im Backofen gehen lassen, dann auf Umluft 35 Min./180 °C backen (2. Einschub von unten) Schale mit Wasser in den Ofen stellen!

WEISSE SEMMELN

ZUTATEN

350 g Mehl (Typ 405 und 550 mischen)
1 TL Salz
1 TL Zucker
½ Würfel Hefe
270 ml warmes Wasser

ZUBEREITUNG

Mehl Typ 405 und 550 mischen, Salz, Zucker, Hefe und warmes Wasser in den Mixtopf geben und **2-3 Min./Brotstufe** zu einem Teig verarbeiten. Nun 30 Min./200 °C/Ober- Unterhitze backen.

WÜRZIGES MISCHBROT

ZUTATEN

150 g Roggenmehl
100 g Dinkelmehl
10 – 20 g Brotgewürz
1 geh. TL Salz
½ Würfel Hefe
2 TL Sauerteigextrakt
350 g Mehl (Typ 1050)
500 ml lauwarmes Wasser

ZUBEREITUNG

Roggenmehl, Dinkelmehl, Brotgewürz, Salz, Hefe Sauerteigextrakt, Mehl (Typ 1050) und Wasser in den Mixtopf geben und **2 Min./Brotstufe** zu einem Brotteig verarbeiten. Kastenform, ca. 30 cm, gut buttern, u. evtl. mit Körnern ausstreuen, dann Teig einfüllen. 10 Min./50 °C im Backofen gehen lassen, dann 45 Min./220 °C/Umluft backen. Tasse mit Wasser in den Backofen stellen.

Desserts und Süße Speisen

APFELEIS

ZUTATEN

100 g Zucker
400 g gefrorene Äpfel (1/4)
200 g Sahne
Joghurt oder Quark
1 TL Zimt

ZUBEREITUNG

Zucker **20 Sek./Stufe 9** pulverisieren Restliche Zutaten in den Mixtopf geben und **20 Sek./Stufe 7** cremig rühren. Nach Belieben Rum mit Rosinen zugeben.

APFELMUS

ZUTATEN

750 g säuerliche Äpfel
etwas Zitronensaft
50 g Zucker
1/3 MB Wasser
1/2 - 1 Päckchen Vanillezucker

ZUBEREITUNG

Äpfel schälen, Kerngehäuse herausschneiden und in Stücke schneiden. In den Mixtopf geben und **20 Sek./Stufe 7** mit Hilfe des Spatels zerkleinern. Zitronensaft, Zucker, Wasser und Vanillezucker zu den zerkleinerten Äpfeln geben und alles **6 Min./100 °C/Stufe 2** kochen. Bei süßen Äpfeln einfach mehr Zitronensaft nehmen

BANANENEIS

ZUTATEN

1 Pfd. Bananen
½ Vollmilchschokolade

ZUBEREITUNG

Bananen in Stücke schneiden und am Vortag einfrieren. Mit der Schokolade in den Mixtopf geben und auf **Stufe 10** (mit Spatel) zerkleinern. Anschließend **10 Sek./Stufe 5**, dann wieder erhöhen auf **Stufe 10 (ca. 15-20 Sek.)**

CRÊPES

ZUTATEN

4 Eier
200 g Mehl
500 ml Milch
50 g Butter (weich)
1 Prise Salz

ZUBEREITUNG

Alles in den Mixtopf geben und **20 Sek./Stufe 4** rühren. Den Teig ca. ½ Std. ruhen lassen, dann wie gewohnt ausbacken.

EIERLIKÖRPUDDING

ZUTATEN

100 g Eierlikör
200 ml Sahne
200 ml Milch
2 EL Zucker
2 gehäufte EL Stärke

ZUBEREITUNG

Rühraufsatz aufstecken! Alles in den Mixtopf füllen und **5-6 Min./90 °C/Stufe 2** kochen.

FRÜCHTESOFTEIS

ZUTATEN

60 g Zucker
300 g gefrorene Früchte
1 Eiweiß

ZUBEREITUNG

Zucker in den trockenen Mixtopf geben und **10 Sek./Stufe 10** pulverisieren. Früchte zugeben und **10 Sek./Stufe 8** zerkleinern. Rühraufsatz einsetzen. 1 Eiweiß dazugeben und **45 Sek./Stufe 4** zu einem Softeis verrühren.

MILCHREIS

ZUTATEN

1 l Milch
200 g Milchreis
1 Prise Salz
etwas Zucker

ZUBEREITUNG

Alle Zutaten in den Mixtopf geben und dann **25-30 Min./90 °C/LL/Stufe 1**. In Schälchen füllen und kalt stellen oder sofort heiß servieren.

ROTE GRÜTZE

ZUTATEN

600 g Beerenfrüchte (frisch od. gefroren)
1/4 l Apfelsaft
3 EL Stärkemehl oder Reismehl
50 g Zucker oder 40 g Honig

ZUBEREITUNG

Alle Zutaten mit 300 g der Früchte in den Mixtopf geben und **20 Sek./Stufe 10** vermischen. Dann **1 Min./100 °C/Stufe 4**, anschließend **8 Min./100 °C/Stufe 2** erhitzen. Restliche Früchte durch die Deckelöffnung zugeben und **20 Sek./Stufe 1** verrühren. Rote Grütze in eine Schüssel umfüllen und abkühlen lassen. Mit Vanillesoße oder Vanilleeis servieren.

SCHNELLES BANANENEIS

ZUTATEN

Ca. 400 g gefrorene Bananen
(in Scheiben geschnitten)
1 Becher Sahne

ZUBEREITUNG

Bananen **5 Sek./Stufe 6** zerkleinern. Sahne dazugeben und nochmals **3 Sek./Stufe 6** rühren lassen. (Spatel zur Hilfe nehmen).

SCHNELLES ERDBEEREIS

ZUTATEN

100 g Zucker
400 g gefrorene Erdbeeren
1 Becher Sahne

ZUBEREITUNG

Zucker **20 Sek./Stufe 9** pulverisieren. Erdbeeren dazugeben und auf **5 Sek./Stufe 6** zerkleinern. Anschließend Sahne zugeben und kurz auf Stufe 5 mischen. Man kann auch jede andere Obstsorte verwenden.

SCHOKOLADENPUDDING

ZUTATEN

80 g Blockschokolade
in groben
Stücken
40 g Speisestärke
evtl. Lebkuchengewürz
½ l Milch
1-2 EL Zucker

ZUBEREITUNG

Blockschokolade in den Mixtopf geben und ca. **10 Sek./Stufe 10** zerkleinern (anschl. Schokolade mit dem Spatel von Topfwand lösen). Rühraufsatz einsetzen! Speisestärke, Lebkuchengewürz, Milch und Zucker zugeben und **5 ½ Min./90 °C/Stufe 2** kochen (bei doppelter Menge ca. **11 Min./90 °C/Stufe 2**).

WERTHERS-ECHTE-PUDDING

ZUTATEN

18 Werthers-Bonbons
500 ml Milch
1 Ei
20 g Speisestärke

ZUBEREITUNG

Werthers-Bonbons auf Stufe 10 pulverisieren. Rühraufsatz einsetzen! Restl. Zutaten zugeben und alles **7 Min./100 °C/ Stufe 4** kochen.

ZABAGLIONE

ZUTATEN

¼ l Weißwein
50 g Zucker
2 Eigelb
1 ganzes Ei

ZUBEREITUNG

Rühraufsatz einsetzen! Alles in den Mixtopf geben **3 ½ Min./70 °C/Stufe 3** mischen.

ZITRONEN-SABAYON

ZUTATEN

6 Eigelb
100 ml Weißwein oder
160 ml Brühe
60 ml Wasser (nur bei Wein),
1 TL Gemüsebrühe
½ TL Worcestersoße
2 EL Zitronensaft
½ TL geriebene Zitronenschale
Salz
Pfeffer

ZUBEREITUNG

Rühraufsatz einsetzen! Alle Zutaten in den Thermomix geben und **5 Min./80 °C/Stufe 4** rühren

Dies und Das

EISCHNEE

ZUTATEN

1 St. Eiweiß (Mindestmenge)
7 St. Eiweiß
10 St. Eiweiß (Höchstmenge)

ZUBEREITUNG

Rühraufsatz einsetzen!!
1 Eiweiß = 1 Min./Stufe 3
7 Eiweiß = 3 ½ Min./Stufe 3
10 Eiweiß = 5 ½ Min./Stufe 3

Die Zeitangabe hängt von der Frische, Größe u. Herkunft der Eier ab. Die Verwendung von sehr frischen Eiern ist ungünstig. Die Angaben beziehen sich auf ein Eiweißgewicht von 45 g.

ERSATZ-MAYONNAISE

ZUTATEN

1 MB Schmand
1 MB Öl
1 EL Zitronensaft
Salz, Pfeffer
1 TL Senf mittelscharf

ZUBEREITUNG

Alle Zutaten **30 Sek./Stufe 4** mischen.

GELATINEGUSS FÜR OBSTKUCHEN

ZUTATEN

Ca. 500 g Obstsaft oder Wasser
60 g Zucker,
2 P. Roten oder weißen Tortenguss

ZUBEREITUNG

Alle Zutaten in den Mixtopf geben, **7 Min./100 °C/Stufe 2** kochen.

HUSTENSAFT

ZUTATEN

300 – 500 g braunen Kandis
30 g Fenchel
1 l Wasser
100 g Gelierzucker

ZUBEREITUNG

Kandis bei Stufe 10 mahlen und umfüllen. Fenchel mit 1 l Wasser bei 100 °C ca. 10 Min. kochen u. abseihen. Gelierzucker und gemahlenen Kandis zugeben und alles **10 Min./100 °C/Stufe 2** aufkochen. In Flaschen füllen. Bei Bedarf 3 x 2 EL täglich einnehmen.

KRÄUTERSALZ

ZUTATEN

Maggikraut
Petersilie
Bohnenkraut
Sellerie
Dill usw. trocknen
Meersalz

ZUBEREITUNG

Alle Zutaten in den Mixtopf mit Salz auf **Stufe 8-10** zerkleinern.

MILDER KRÄUTERSENF

ZUTATEN

200 g Senfkörner
2 MB Wasser
2 ½ MB Weißweinessig
6 EL frische gemischte Kräuter
2 TL Salz
100 g Honig
2 EL Sonnenblumenöl

ZUBEREITUNG

Senfkörner in den Mixtopf geben und **20 Sek./Stufe 10** zerkleinern. 2 MB Wasser zugeben und **7 Sek./Stufe 2** vermischen und ca. 10 Min. quellen lassen. Weißweinessig, frische gemischte Kräuter, Salz und Honig zugeben, **6 Min./80 °C/Stufe 4-5** erhitzen und ca. 30 Min. abkühlen lassen. Sonnenblumenöl auf den Mixtopfdeckel gießen (MB dabei nicht abnehmen) und ca. **30 Sek./Stufe 2** unterrühren. Den Senf in Schraubgläser füllen und kühl aufbewahren.

NUDELTEIG

ZUTATEN

600 g Mehl
3 Eier
150 g Wasser (kalt)

ZUBEREITUNG

Mehl, Eier und kaltes Wasser **1 ½ Min./Brotstufe** verkneten! (kein Salz)! Ruhen lassen und dann in der Nudelmaschine verarbeiten.

RUCOLA PESTO

ZUTATEN

1 Knoblauchzehe
250 g Rucola
100 g Blattpetersilie
50 g geröstete Pinienkerne
1 TL Salz
150 g Olivenöl

ZUBEREITUNG

Knoblauchzehe in den Mixtopf geben und **3 Sek./Stufe 6** zerkleinern. Rucola und Petersilie von den Stängeln zupfen, mit den übrigen Zutaten in den Mixtopf geben und **25 Sek./Stufe 8** zu einer homogenen Masse verarbeiten. Im Kühlschrank ist das Pesto ca. 4 Wochen haltbar.

SPÄTZLE-TEIG

ZUTATEN

4 Eier
200 g Milch
1 TL Salz
480 g Mehl (550 er u. 405 er vermischt)

ZUBEREITUNG

Rühraufsatz einsetzen! Eier, Milch, Salz in den Mixtopf geben und **30 Sek./Stufe 4** vermengen. Rühraufsatz entfernen! Nun noch Mehl (550er u. 405er vermischt) zugeben u. **1 ½ Min./Brotstufe** zu einem geschmeidigen Teig verarbeiten.

Dips und Brotaufstriche

AJVAR-AUFSTRICH

ZUTATEN

Frische Petersilie (oder getrocknete)
1 Knoblauchzehe
200 g Feta
200 g Frischkäse
2 EL mildes Ajvar

ZUBEREITUNG

Petersilie und Knoblauch in den Mixtopf geben und ca. **20 Sek./Stufe 6** zerkleinern. Feta und Frischkäse dazugeben und auf **Stufe 3** untermischen. Ajvar dazugeben und alles **Stufe 5** mischen.

APFELMUS

ZUTATEN

750 g säuerliche Äpfel
etwas Zitronensaft
50 g Zucker
1/3 MB Wasser
½ P. Vanillezucker

ZUBEREITUNG

Die Äpfel schälen, das Kerngehäuse entfernen und in kleinen Stücken in den Mixtopf geben. Auf **Stufe 4** mit Hilfe des Spatels kurz zerkleinern, dann die restlichen Zutaten zufügen und **6 Min./100 °C/Stufe 2** kochen.

BLEICHSELLERIEFRISCHKÄSE

ZUTATEN

3 Stangen Sellerie in Stücken
1 Knoblauchzehe
200 g Frischkäse
Salz
Pfeffer aus der Mühle
Evtl. etwas Cayennepfeffer

ZUBEREITUNG

Bleichsellerie in Stücke schneiden und entfädeln oder schälen, nun mit der Knoblauchzehe in den Mixtopf geben und **5 Sek./Stufe 6** zerkleinern. Frischkäse, Salz, Pfeffer dazugeben und **5 Sek./Stufe 3-4** rühren. Zum Schluss mit etwas Cayennepfeffer pikant abschmecken.

BUTTER

ZUTATEN

400/500 g abgelaufene Sahne
Frisches Wasser (ca. 1 MB)

ZUBEREITUNG

Rühraufsatz einsetzen. Sahne in den Mixtopf geben und **3-4 Min./Stufe 2-3** schlagen. Rühraufsatz entfernen und **Stufe 2** schlagen. Das Wasser abgießen und den Vorgang dreimal wiederholen, bis eine feine Butter hergestellt ist. Die Butter nochmals **10 Sek./Stufe 3** mixen und den letzen Tropfen Wasser abgießen. Wer Salzbutter mag, gibt im letzten Gang Salz dazu!

FALSCHE LEBERWURST

ZUTATEN

50 g Nüsse
50 g Grünkern
¼ Lorbeerblatt
120 g Zwiebel (geviertelt)
70 g Butter
1 ½ MB Wasser
1 EL Gemüsebrühe
3 TL Petersilie
1 ½ TL Schnittlauch
¼ TL Pfeffer
¼ TL Muskatnuss
1 Prise Kardamom
1 Prise Thymian

ZUBEREITUNG

Die Nüsse **16 Sek./Stufe 10** zerkleinern und umfüllen. Grünkern und das Lorbeerblatt **10 Sek./Stufe 10** zerkleinern und ebenfalls umfüllen. Die Zwiebel **3 Sek./Stufe 5** zerkleinern. 30 g Butter zugeben und **3 ½ Min./100 °C/Stufe 2** andünsten. Wasser, Gemüsebrühe und zerkleinerten Grünkern zugeben und **7 Min./100 °C/Stufe 2** kochen lassen. Alle restlichen Zutaten zugeben und alles nochmals **12 Sek./Stufe 6** gut vermischen. Mindestens 3 Stunden im Kühlschrank ziehen lassen und bei Zimmertemperatur servieren.

FETA-AUFSTRICH

ZUTATEN

1 Knoblauchzehe
1 Handvoll Kräuter (Petersilie, Schnittlauch, nach Gusto)
1 TL Kräuter der Provence
200 g Feta
200 g Schmand
100 g Butter (Zimmertemperatur)
½ TL Salz
½ TL Pfeffer

ZUBEREITUNG

Knoblauch und Kräuter bei **5 Sek./Stufe 6** zerkleinern. Die restlichen Zutaten zugeben und ca. **20 Sek./Stufe 3** mit Hilfe des Spatels verrühren.

FLEISCHSALAT LIGHT

ZUTATEN

200 g Schinken
5 - 6 Essiggurken (ca. 200 g)
200 g Frischkäse oder Joghurt light
Salz
Pfeffer

ZUBEREITUNG

Schinken zu Röllchen drehen, die Gurken bereits darin einwickeln, und in den Mixtopf stellen! Dann alles **3 Sek./Stufe 5** zerkleinern. Frischkäse zugeben und **10 Sek./Stufe 3** alles vermischen. Zum Schluss mit Salz und Pfeffer abschmecken.

FRISCHKÄSEAUFSTRICH MIT LAUCH

ZUTATEN

1 Knoblauchzehe,
4 - 5 Stiele Petersilie
100 g Porree (weiß)
200 g Schmand
200 g Frischkäse
½ TL Salz
2 Prisen Pfeffer

ZUBEREITUNG

Knoblauchzehe, Petersilie in den Mixtopf geben und **5 Sek./Stufe 6** zerkleinern. Porree (weiß) in groben Stücken ebenfalls **5 Sek./Stufe 3** zerkleinern. Schmand, Frischkäse, Salz, Pfefferzugeben und **20 Sek./Stufe 3** vermischen.

GRIECHISCH ATHENA AUFSTRICH

ZUTATEN

½ Zwiebel
1-2 Knoblauchzehen
Kräuter
80 g Peperonisalami
200 g Schafskäse
½ MB Oliven
200 g Frischkäse
etwas Pfeffer
1 TL Olivenöl

ZUBEREITUNG

Rühraufsatz einsetzen. Sahne in den Mixtopf geben und **3-4 Min./Stufe 2-3** schlagen. Rühraufsatz entfernen und **Stufe 2** schlagen. Das Wasser abgießen und den Vorgang dreimal wiederholen, bis eine feine Butter hergestellt ist. Die Butter nochmals **10 Sek./Stufe 3** mixen und den letzen Tropfen Wasser abgießen. Wer Salzbutter mag, gibt im letzten Gang Salz dazu!

HIMBEERBUTTER

ZUTATEN

300 g Himbeeren (gefroren)
150 g Akazienhonig
(nach Belieben mehr
oder weniger)
300 g Butter
Statt Honig kann auch
pulverisierter brauner Zucker
verwendet werden.

ZUBEREITUNG

Himbeeren (gefroren) in den Mixtopf geben, **15 Sek./Stufe 8** pürieren. Danach **3 Min./37 °C/Stufe 2** erwärmen (nicht zu warm). Akazienhonig (nach Gusto), Butter zugeben, **3 Min./Stufe 5** mixen. Immer wieder kurz auf **Stufe 6** hoch schalten. Rühraufsatz einsetzten. Anschließend **1 Min./Stufe 4** cremig rühren.

JOHANNISBEER-GELEE

Geleeherstellung allgemein!

ZUTATEN

1000 g Johannisbeeren
300 g Wasser
700 g Saft
(ggf. mit Wasser auffüllen)
500 g Gelierzucker 2:1

ZUBEREITUNG

Johannisbeeren oder andere Früchte waschen, von den Rispen streifen u. die Beeren in den Gareinsatz füllen, Wasser in den Mixtopf geben, den Gareinsatz einhängen u. die Beeren **25 Min./ Varoma/Stufe 1** entsaften. Danach den Gareinsatz herausheben, ein Haushaltssieb in den Mixtopf einhängen, den Gareinsatz in das Sieb stellen u. die Beeren abtropfen lassen (ca. 30 Min.) Aufgefangenen Saft (ggf. mit Wasser auffüllen), Gelierzucker 2:1 zugeben und **10 Min./100 °C/Stufe 1-2** kochen. Gelierprobe machen.

KETCHUP

ZUTATEN

1200 g reife Tomaten
120 g Zucker
50 ml Obstessig
je ¼ TL gem. Nelken
Ingwer
Paprika
Muskatnuss
Cayennepfeffer
1 TL Salz

ZUBEREITUNG

Die Tomaten halbieren, den Stängelansatz ausschneiden und zusammen mit etwas Zucker in den Mixtopf geben. Auf **Stufe 10** so lange mixen, bis die ganze Schale zerkleinert ist. Einige Zeit ziehen lassen. Anschließend ca. **20 Min./100 °C/Stufe 2** kochen lassen. Die restlichen Zutaten zufügen und nochmals gut vermischen. Kurz auf **Stufe 10** mischen und in Gläser oder Flaschen füllen.

KRÄUTERBUTTER

Mit selbstgemachter Butter

ZUTATEN

2 Becher Sahne (alternativ 250 g fertige Butter)
2 MB Wasser (kalt)
2 Knoblauchzehen
3 Stängel Petersilie
2 Stängel Dill
8 bis 10 Stängel Schnittlauch (in Röllchen)
3 bis 4 Salbeiblätter
1 kl. Zweig Rosmarin
¼ Käst. Kresse
½ TL Kräutersalz
¼ TL Pfeffer

ZUBEREITUNG

Zuerst die Kräuter mit Hilfe des Spatels **10 Sek./Stufe 5** zerkleinern und umfüllen. Den Topf säubern und den Rühreinsatz einsetzen. Die Sahne in den Mixtopf geben, zunächst auf **Stufe 2** steif schlagen und dann weiter zu Butter schlagen. Den Rühraufsatz entfernen. Wasser zufügen und ca. **10 Sek./Stufe 3** schlagen. Milchiges Wasser abgießen. So lange wiederholen (immer wieder Wasser zufügen!), bis das Wasser klar ist. Anschließend die Butter nochmals **10 Sek./ Stufe 3** mixen und die letzten Wassertropfen abgießen. Die Kräuter zufügen, auf **Stufe 3** unterrühren und abschmecken.

KRÄUTERCREME

ZUTATEN

1 Zwiebel,
½ Bund Petersilie
250 g Quark (20 %)
250 g Mascarpone
1 ½ TL Kräutersalz

ZUBEREITUNG

Zwiebel, Petersilie in den Mixtopf geben und **3 Sek./Stufe 6** zerkleinern. Quark, Mascarpone und Kräutersalz dazu geben und **25 Sek./Stufe 2-3** vermischen.

LACHSBUTTER

ZUTATEN

1 kleine Zwiebel
3 hartgekochte Eier
1 Glas Lachsschnitzel in Öl
125 g zimmerwarme Butter

ZUBEREITUNG

Zwiebel in den Mixtopf geben **5 Sek./Stufe 5** zerkleinern, hartgekochte Eier, Lachsschnitzel in Öl und Butter zufügen und **15 Sek./Stufe 3** verrühren.

PAPRIKA-LAUCH-AUFSTRICH

ZUTATEN

50 g Paprika (rot, in groben Stücken)
50 g Paprika (gelb, in groben Stücken)
30 g Lauch (in groben Stücken)
200 g Frischkäse (Natur)
2 bis 3 EL Saure Sahne
Schnittlauchröllchen
Salz, Pfeffer

ZUBEREITUNG

Paprika und Lauch bei **5 Sek./Stufe 5** zerkleinern (evtl. mit Hilfe des Spatels). Die restlichen Zutaten zugeben und alles auf **Stufe 2** cremig rühren.

PETRUSCA

ZUTATEN

1 Knoblauchzehe
1 Zwiebel
1 Bund Schnittlauch
250 g Magerquark
250 g Frischkäse
1 Prise Salz
1 Prise Pfeffer

ZUBEREITUNG

Knoblauch, Zwiebel und Schnittlauch in den Mixtopf geben **10 Sek./Stufe 7** zerkleinern. Die restlichen Zutaten zugeben und alles auf **Stufe 5** mit Hilfe des Spatels gut Cremig rühren.

PAPIS-PIRI-AUFSTRICH

ZUTATEN

3 kleine Peperoni
200 g Frischkäse
1 Knoblauchzehe
Safranfäden, Salz

ZUBEREITUNG

Die Knoblauchzehe und die Peperoni bei **4-5 Sek./Stufe 5** zerkleinern, dass sie schön klein sind. Frischkäse zugeben und auf **Stufe 3** vermengen. Mit Salz und Safran abschmecken.

ROTER FRISCHKÄSE

ZUTATEN

10 g Petersilie
25 g Meerrettich, geschält
150 g Rote Bete, gekocht
200 g Frischkäse
etwas Pfeffer
½ TL Salz

ZUBEREITUNG

Petersilie, Meerrettich in den Mixtopf geben und **10 Sek./Stufe 10** zerkleinern, im Topf lassen. Die Masse mit dem Spatel am Topfrand nach unten schieben. Gekochte rote Bete dazugeben und **2 Sek./Stufe 5** zerkleinern. Nun noch den Frischkäse, Pfeffer und Salz zugeben und **5 Sek./Stufe 5** verrühren.

RUCOLABUTTER

ZUTATEN

250 g weiche Butter, in Stücken
50 g Rucolapesto

ZUBEREITUNG

Butter in Stücken, Rucola Pesto in den Mixtopf geben und **30 Sek./Stufe 3** mischen.

SALAMI–CREME

ZUTATEN

150 g Salami in Stücke
1 kleine Zwiebel
1 Bund Petersilie
200 g Frischkäse
½ TL Paprika
je eine Prise Salz und Pfeffer

ZUBEREITUNG

Salami in Stücke, Zwiebel, Petersilie grob zerkleinert in Mixtopf füllen und **5 Sek./Stufe 7** zerkleinern – ausschalten. Frischkäse, Paprika, je eine Prise Salz und Pfeffer zugeben und **30 Sek./Stufe 5** mit Hilfe des Spatels vermischen.

SCHOKO-CREME

ZUTATEN

1 Tafel Rahm-Mandel-Schokolade
2 EL Butter
3 EL Milch
Kakaopulver
Vanillezucker nach Geschmack

ZUBEREITUNG

Der Mixtopf und die Schokolade müssen kalt sein! Die Schokolade in groben Stücken in den Mixtopf geben und auf **Stufe 10** so fein wie möglich zerkleinern. Butter und Milch zufügen und ca. **5 Min./40 °C/Stufe 2** erwärmen. Mit Kakaopulver und Vanillezucker fein abschmecken.

TZATZIKI

ZUTATEN

3 Knoblauchzehen
½ Gurke
250 g Sahnequark
1 Becher Schmand
Salz
Pfeffer
Etwas Zitronensaft
Etwas Dill

ZUBEREITUNG

Den Knoblauch bei **5 Sek./Stufe 5** zerkleinern. Dann die Gurke bei **Stufe 3** zugeben. Die restlichen Zutaten zugeben und auf **Stufe 3** verrühren.

Hauptgerichte

KARTOFFELPUFFER

ZUTATEN

1 kg Kartoffeln
1-2 Zwiebeln (100 g)
1 El Zitronensaft
1/4 Tl Pfeffer
2 El Stärkemehl
2 El Haferflocken

ZUBEREITUNG

Kartoffeln schälen und in grobe Stücke schneiden. Zwiebeln schälen und in Viertel schneiden. Zusammen mit den restlichen Zutaten in den Mixtopf geben und **10 Sek./Stufe 6** mit Hilfe des Spatels zerkleinern. Teig in eine Schüssel umfüllen, in einer Pfanne mit heißem Öl kleine Reibeplätzchen backen und mit Apfelmus und Kräuterschmand anrichten.

PUTENGESCHNETZELTES MIT KAISERGEMÜSE

ZUTATEN

1 l Wasser
1 Brühwürfel
300 g Kartoffeln
400 g Kaisergemüse
400 g Putengeschnetzeltes
3 EL Öl
Salz
Pfeffer
evtl. etwas Curry
1 Becher Schmand
2 EL Speisestärke

ZUBEREITUNG

Wasser, Brühwürfel in den Mixtopf geben. Geschälte Kartoffeln in den Siebeinsatz geben. Kaisergemüse in den Varoma geben. Putengeschnetzeltes mit Öl mischen, salzen, pfeffern, etwas Curry dazu geben und alles dann in den Varoma geben und **25 Min./Varoma/Stufe 1** garen. Kurz warm stellen. Schmand und Speisestärke einrühren **Stufe 3**.

QUICHE LORRAINE

ZUTATEN

Teig:

130 g Magerquark
50 g Milch
50 g Sonnenblumenöl
250 g Mehl
½ P. Backpulver
1 Prise Salz

Belag:

100 g Emmentaler in Stücken
1-2 Zwiebeln
200 g magere Schinkenspeckwürfel
3 Eier
150 g Joghurt (3,5 % Fett)
150 g Creme fraiche (Kräuter)
½ TL Salz
2 Prisen Pfeffer
2 Prisen Paprika
ca. 3 EL Schnittlauchröllchen (mit der Schere schneiden)

ZUBEREITUNG

Teig: Magerquark, Milch, Sonnenblumenöl, Mehl, Backpulver, Salz in den Mixtopf geben, **2 Min./Brotstufe** zu einem Teig verarbeiten und in eine gefettete Springform geben. **Belag:** Emmentaler in Stücken in den Mixtopf und **8 Sek./Stufe 4** zerkleinern. Zwiebeln in den Mixtopf und **5 Sek./Stufe 5** zerkleinern (alles bleibt im Mixtopf). Schinkenspeckwürfel, Eier, Joghurt, Creme fraiche (Kräuter), Salz, Pfeffer, Paprika, und Schnittlauchröllchen in den Mixtopf geben u. alles **15 Sek./Stufe 2** vermengen. Die Masse auf dem Teig verteilen u. im vorgeheizten Backofen bei 200 °C -220 °C ca. 30 Min. backen.

SEELACHSFILET MIT ZUCCHINI UND KARTOFFELN

ZUTATEN

½ l Wasser
1 Brühwürfel
geschälte Kartoffeln bis der Siebeinsatz voll ist
1 Zucchini
4 Karotten
2-3 Fischfilet
Salz
Pfeffer
evtl. Kräuterbündel

ZUBEREITUNG

Wasser, Brühwürfel in den Mixtopf geben. Geschälte Kartoffeln in den Siebeinsatz geben. Die klein geschnittene Zucchini und Karotten in den Varoma geben. Nun noch das Fischfilet mit Zitrone beträufeln, salzen, pfeffern, evtl. Kräuterbündel darauf geben und in den Varoma legen und **25 Min./Varoma/Stufe 1** garen. Nach dem Garen Fischsud in den Mixtopf füllen u. eine der Soßen daraus bereiten und anrichten.

Anmerkung: Bei tiefgefrorenem Fisch „Schale" aus Alufolie formen, Fisch darauf legen. Seitenränder hochschlagen.

Kuchen und Gebäck

APFEL-NUSS-MUFFINS

ZUTATEN

1 großer säuerliche Apfel (ca. 200 g)
½ EL Zitronensaft
250 g Mehl (Typ 405)
1 TL Backpulver
100 g brauner Zucker
1 P. Vanillezucker
1 Prise Salz
1 Messerspitze gem. Nelken
1 Ei
130 ml Milch
120 g Butter
100 g Haselnüsse

ZUBEREITUNG

Haselnüsse auf Stufe 10 fein mahlen und umfüllen. Den Apfel schälen und **5 Sek./Stufe 7** zerkleinern. Gleich mit Zitronensaft beträufeln und umfüllen. Mixtopf kurz ausspülen u. austrocknen. Zimmerwarme Butter mit Ei, Milch, Zucker u. Vanillezucker ca. **20 Sek./Stufe 3** verquirlen. Restliche Zutaten zugeben und **20 Sek./Stufe 4** verrühren. In die Papierförmchen einer Muffinform Teig 2/3 voll einfüllen. Im vorgeheizten Backofen 25-30 Min./180 °C/Umluft backen.

APFELWEIN-TORTE

ZUTATEN

Teig:
250 g Mehl
2 TL Backpulver
1 Ei
125 g Zucker
125 g Butter
Belag:
2 Pfund Äpfel
750 ml Apfelsaft oder ½ Apfelsaft und ½ Wein
150 g Zucker
2 P. Vanillepudding
Verzierung:
1 Becher Sahne
1 P. Vanillezucker
1 P. Sahnesteif
etwas Kakao

ZUBEREITUNG

Beide Mehlsorten mit Salz und Brotgewürz, Hefe, Sauerteigpulver und lauwarmen Wasser in den Mixtopf geben und alles **2 ½ Min./Brotstufe** verkneten. Anschließend ca. 45 Min. bei 50 °C gehen lassen (gleich auf Backfolie und Rost). Backzeit: 15 Min. bei 225 °C dann 55 Min. bei 190 °C/ Ober- u. Unterhitze.

BISKUITTEIG

ZUTATEN

6 Eiweiß
1 Prise Salz
180 g Zucker
6 Eigelb
80 g Mehl
80 g Speisestärke

ZUBEREITUNG

Rühraufsatz einsetzen! Eier trennen. 6 Eiweiß, Salz in den Mixtopf geben und **3 Min./Stufe 4** schlagen (nicht umfüllen!) Zucker **1 Min./Stufe 2** (Zucker über Deckel langsam einrieseln lassen) 6 Eigelb **1 Min./Stufe 2** nacheinander zugeben. Nun noch Mehl und Speisestärke hinzufügen **1 Min./Stufe 1** löffelweise unterrühren. Dann ca. 12 Min./ 200-220 °C backen!

BUTTERKUCHEN

ZUTATEN

Hefeteig:
200 ml Milch
1 Würfel Hefe
50 g Zucker
1 EL Vanillezucker
70 g Butter
380 g Mehl (Type 405)
1 Prise Salz
Belag:
100 g Butterflöckchen
75 g Zucker
1 EL Vanillezucker
100 g Mandeln

ZUBEREITUNG

Hefeteig: Milch, Hefe, Zucker, Vanillezucker, Butter in den Mixtopf geben und **1 ½ Min./50 °C/Stufe 2** erwärmen. Mehl und Salz dazugeben, kurz auf **Stufe 4** verrühren. Dann **2 Min./Brotstufe** alles verarbeiten. Den Teig in eine bemehlte Schüssel geben u. ca. 30 Min. gehen lassen. Nochmals auf einer bemehlten Arbeitsfläche durchkneten und auf einem gefetteten Blech ausrollen.

Belag: Mit den Fingerkuppen Vertiefungen in den Teig drücken u. mit Butterflöckchen belegen. Zucker u. Vanillezucker mischen und auf den Teig streuen. Gehobelte Mandeln darüber geben u. den Teig nochmals 30 Min. an einem warmen Ort gehen lassen. Bei 180 °C/Umluft/ca. 20 Min. backen.

ELISEN-LEBKUCHEN

ZUTATEN

1 ungespritzte Zitrone
300 g Zucker
200 g Mandeln
200 g Haselnüsse
200 g Zitronat
100 g Orangeat
2 geh. TL Lebkuchengewürz
5 Eiweiß
Zuckerglasur oder
Schokoladenguss bzw. Kuvertüre

ZUBEREITUNG

Vorbereitung: 1 ungespritzte Zitrone schälen. Die Schale in den Mixtopf geben, dazu 300 g Zucker **20 Sek./Stufe 10** pulverisieren und die Hälfte in eine Schüssel umfüllen (kommt später zum Eischnee). Zum restlichen Zitronenzucker Mandeln, Haselnüsse, Zitronat und Orangeat dazugeben und alles zusammen ca. **40 Sek./Stufe 6** mahlen (dazwischen kurz mit Spatel Masse durchrühren) und in eine Schüssel umfüllen. Lebkuchengewürz in die Schüssel auf die gemahlenen Nüsse geben. Den Mixtopf gut säubern u. austrocknen. Rühraufsatz einsetzen! Eiweiß ca. **3 Min./Stufe 4** zu Schnee schlagen. Wenn er schnittfest ist, die zweite Hälfte Puderzucker durch die Deckelöffnung zugeben – eine weitere Minute unterschlagen. Dann den Eischnee zu den Nüssen in die Schüssel geben, mit Schneebesen unterheben, auf Oblaten setzen, mit nassem Messer glatt streichen. Umluft 140-160 °C ca. 25-30 Min. backen. Noch warm mit Zuckerglasur oder mit vSchokoladenguss bzw. Kuvertüre überziehen.

GEFÜLLTER NUSSZOPF

ZUTATEN

Nussfüllung:

150 g Haselnüsse

50 g Zucker

50 g Zartbitterschokolade

Teig:

220 g Milch

100 g weiche Butter

1 Würfel Hefe

500 g Mehl (Typ 550)

1 EL Vanillezucker

100 g Zucker

1 Ei

ZUBEREITUNG

Nussfüllung: Haselnüsse in den Mixtopf geben und **10 Sek./Stufe 10** mahlen. Zucker und Zartbitterschokolade in Stücken ca. **10 Sek./Stufe 6** vermischen und umfüllen.

Teig: Milch in den Mixtopf geben und **1 ½ Min./50 °C/Stufe 1** erwärmen. Butter in Stücke, Hefe, Mehl, Vanillezucker, Zucker und Ei zugeben und **2 Min./Brotstufe** zu einem Teig verarbeiten. Den Teig in eine Schüssel geben u. zugedeckt ca. 30 Min. gehen lassen. Anschließend kurz durchkneten u. weitere 30 Min. gehen lassen. Danach den Teig auf einer bemehlten Arbeitsfläche in zwei Stücke teilen und nacheinander zu einem Rechteck ausrollen. Diese beiden Platten mit flüssiger Butter bestreichen, die Nussmasse darauf verteilen u. aufrollen. Beide Teigrollen zu einem Zopf übereinander schlingen, auf ein mit Backpapier ausgelegtes Blech legen u. nochmals ca. 15 Min. gehen lassen. Bei 180 °C, ca. 35 Min. backen.

KÄSEKUCHEN

ZUTATEN

Boden:

1 Ei

140 g Butter oder Margarine

120 g Zucker, 1 Prise Salz

1 P. Vanillezucker

300 g Mehl

Belag:

500 g Quark

180 g Zucker

2 Eier

1 P. Vanillezucker

1 MB Öl

½ l Milch

ZUBEREITUNG

Boden: Ei, Zucker, Salz, Vanillezucker, Mehl in den Mixtopf geben und **40 Sek./Stufe 5-6** vermengen, Teig in Springform drücken und einen Rand hochziehen.

Belag: Quark, Zucker, Eier, 1 P. Vanillezucker, Öl und Milch in den Mixtopf geben und **30 Sek./Stufe 6** verarbeiten. Auf den Teig gießen u. überstehenden Teigrand gleichmäßig bis zur Quarkmasse drücken. Im Backofen ca. 1 Std./180-200 °C backen.

MÜRBTEIG

ZUTATEN

1 Ei
140 g Butter oder Margarine
120 g Zucker
1 TL Salz
1 Vanillezucker
300 g Mehl

ZUBEREITUNG

Ei, Butter, Zucker, Salz, Vanillezucker und Mehl in den Mixtopf geben und **30-40 Sek./Stufe 6** oder **2 Min./ Brotknetstufe** vermengen.

NUSSFÜLLUNG FÜR HEFETEIG

ZUTATEN

200 g Nüsse z.B. Haselnüsse, Mandeln oder Walnüsse
150 g Zucker je nach Geschmack
1-2 EL Kakaopulver
Zitronenschale oder Saft
½ MB Milch
½ MB Sahne
½ MB Rum

ZUBEREITUNG

Nüsse ca. **25 Sek./Stufe 9** mahlen. Zucker je nach Geschmack, Kakaopulver, Zitronenschale oder Saft zugeben und **5 Sek./Stufe 4** mischen. Milch, Sahne und Rum zugeben und alles zusammen ca. **20 Sek./Stufe 4** mischen und den Hefeteig damit füllen.

OMAS HEFETEIG

ZUTATEN

2 MB Milch
90 g Zucker
90 g Butter (weich)
1 TL Salz
2 Eier
1 Würfel Hefe
Schale v. 1 Zitrone
600 g Mehl
(Je nach Geschmack kann man in Rum getränkte Rosinen untermengen)

ZUBEREITUNG

Rühraufsatz einsetzen! Eier trennen. 6 Eiweiß, Salz in den Mixtopf geben und **3 Min./Stufe 4** schlagen (nicht umfüllen!) Zucker **1 Min./Stufe 2** (Zucker über Deckel langsam einrieseln lassen) 6 Eigelb **1 Min./Stufe 2** nacheinander zugeben. Nun noch Mehl und Speisestärke hinzufügen **1 Min./Stufe 1** löffelweise unterrühren. Dann ca. 12 Min./ 200-220 °C backen!

PIZZATEIG

ZUTATEN

400 g Mehl
2 MB lauwarmes Wasser
½ Würfel Hefe
2 EL Olivenöl
1 TL Salz
1 Prise Zucker
Belag:
passierte Tomaten
geriebener Käse
gekochter Schinken
Salami
Pilze
Paprika

ZUBEREITUNG

Mehl, lauwarmes Wasser, Hefe, Olivenöl, Salz und Zucker in den Mixtopf geben und **2 Min./Brotstufe** verarbeiten. Teig ausrollen, zuerst passierte Tomaten, dann geriebenen Käse darauf, nach Wunsch belegen, nochmals Käse darüber. Ca. 30 Min./180 °C Umluft backen.

QUARK-ÖL-TEIG

ZUTATEN

150 g Quark
80 g Zucker
½ MB Milch
½ MB Öl
1 Ei
Vanillezucker
Zitronenschale oder Saft
300 g Mehl
1 P. Backpulver

ZUBEREITUNG

Quark, Zucker, Milch, Öl, Ei, Vanillezucker, Zitronenschale, Mehl und Backpulver in den Mixtopf geben und **20 Sek./Stufe 6** mit Spatel zu einem Teig verarbeiten, umfüllen und ½ Std. im Kühlschrank ruhen lassen. Dann weiter verarbeiten. Backzeit in der Regel 20-30 Min./170 °C - 180 °C.

SAHNEFÜLLUNG FÜR ROULADEN ODER TORTEN

ZUTATEN

ca. 500 g Erdbeeren oder andere Früchte
½ Liter Sahne
2 Pck. Sahnesteif

ZUBEREITUNG

Erdbeeren oder andere Früchte im Thermomix **Stufe 5-8** zerkleinern und umfüllen. Mixtopf reinigen. Sahne und Sahnesteif **Stufe 3** steif schlagen, nun unter die Früchte heben, die Creme in eine erkaltete Roulade streichen, wieder rollen, mit Puderzucker bestreuen oder nach Wunsch garnieren.

SCHNELLER BISKUIT

ZUBEREITUNG

Eier, Zucker mit Rühraufsatz **5 Min./37 °C Stufe 3** erwärmen und schaumig schlagen. Mehl und Backpulver dazugeben und **3 Sek./Stufe 2** unterschlagen (nicht länger!) Den Rühraufsatz herausnehmen, zur Seite legen. Den Teig in eine Form geben (evtl. Backpapier) Rand nicht einfetten! Rühraufsatz einsetzen, **2 Sek./Stufe 2** einschalten. Den restlichen Teig hinzugeben. Backofen vorheizen, bei 170 °C nach Bedarfbacken.

ZUTATEN

2/3/4 Eier
100/150/200 g Zucker
100/150/200 g Mehl
1 TL/2 TL/3 TL Backpulver

SCHOKOLADENBISKUIT

ZUBEREITUNG

Zuerst 50 g Blockschokolade ca. **18 Sek./Stufe 10** sehr fein mahlen, herausnehmen u. den Topf säubern. Dann wie oben (schneller Biskuit) weiterarbeiten u. mit dem Mehl die Schokolade zugeben.

ZUTATEN

50 g Blockschokolade

STREUSEL FÜR DIVERSE KUCHEN

ZUBEREITUNG

Butter, Zucker, Mehl in den Mixtopf geben und **15 Sek./Stufe 5** zu Streusel verarbeiten.

Anmerkung: Bei Zwetschgenkuchen dem Streuselteig etwas Zimt zugeben.

ZUTATEN

100 g Butter
100 g Zucker
200 g Mehl

STRUDELTEIG

ZUTATEN

300 g Mehl
1 Prise Salz
2 EL Öl
1 Ei
1 MB lauwarmes Wasser

ZUBEREITUNG

Mehl, Salz, Öl, das Ei und lauwarmes Wasser in den Mixtopf geben und **3 Min./Brotstufe** vermengen, Teig ölen u. zugedeckt mind. 1 Std. (nicht im Kühlschrank) ruhen lassen, dann auf einem bemehlten Küchentuch ganz dünn ausziehen. Mit beliebiger Füllung versehen und backen ca. 15-20 Min. 160 °C Heißluft

STRUDELTEIG OHNE EI

ZUTATEN

250 g Mehl
1 TL Essig
1 Prise Salz
130 g Wasser
50 g flüssige Butter

ZUBEREITUNG

Mehl, Essig, Salz, Wasser, flüssige Butter in den Mixtopf geben **2-3 Min./Brotstufe** verarbeiten. Dann wie gewohnt befüllen und backen.

ZITRONEN-KUCHEN

ZUTATEN

Schale einer unbehandelten Zitrone
250 g Zucker
250 g weiche Butter
5 Eier
130 g Mehl
120 g Stärkemehl u.
1 gestr. TL Backpulver
Saft einer Zitrone

ZUBEREITUNG

Zitronenschale in den Mixtopf geben, dazu Zucker und **20 Sek./Stufe 10** pulverisieren, dann Rühraufsatz auf-stecken! Weiche Butter zugeben. Deckel schließen, **Stufe 2** einschalten. Eier hintereinander durch die Deckelöffnung auf das laufende Messer zugeben, bis eine cremige Masse entstanden ist. Nun noch Mehl, Stärkemehl und Backpulver mischen, ebenfalls auf die Crememasse sieben. Saft einer Zitrone zugeben, **15 Sek./Stufe 3** und dann müsste die Mehlmischung untergehoben sein. Ca. 35 Min. bei 175 °C backen.

Marmeladen

ANANAS-CHILI-MARMELADE

ZUTATEN

1 Ananas
50 ml Zitronensaft
2 kleine rote Chil, entkernen
500 g Gelierzucker (2:1)
100 g Ananassaft

ZUBEREITUNG

Chilis **Stufe 6** kleinschreddern, Ananas in Stücken dazugeben und **10 Sek./Stufe 10** pürieren. Nun Ananassaft, Zitrone und Gelierzucker dazugeben und auf Stufe 3 unterrühren und **12 Min./100 °C/Stufe 2** kochen. Anschließend Gläser füllen und kühl stellen.

BRATAPFELMARMELADE

ZUTATEN

50 g Rosinen in
3 EL Rum einlegen
25 g gehobelte Mandeln
900 g Äpfel (z.B. Boskop)
10 g Vanillezucker
1 Zitrone (Saft davon)
1 TL Zimt
1 MB Wasser
500 g Gelierzucker 2:1

ZUBEREITUNG

Rosinen über Nacht in Rum einlegen. Gehobelte Mandeln ohne Fett in der Pfanne anbräunen dann beides zur Seite stellen. Äpfel auf **Stufe 3** zerkleinern, Vanillezucker, Saft von der Zitrone, Zimt, Wasser, Gelierzucker 2:1. zugeben und **12 Min./100 °C/Stufe 2-3** kochen. 3 Minuten vor Ende der Kochzeit die Mandeln und Rosinen dazugeben.

Grundrezept

BUNTE-MARMELADE

ZUBEREITUNG

Je nach Sorte wer es stückiger mag ca. **7 Min./100 °C/Stufe 2** und auf **Stufe 4-5** wer es cremiger mag. Jede Sorte sollte in einzelnen Schichten gut auskühlen bevor man die nächste einfüllt. So laufen die Sorten nicht in einander.

ZUTATEN

600 g Erdbeeren, Kiwis oder Aprikosen
300 g Gelierzucker 2:1 oder
200 g Gelierzucker 3:1

ERDBEER-SEKT-MARMELADE

ZUBEREITUNG

Erdbeeren (tiefgefroren) Pürieren, Zucker und Sekt zufügen und alles **15 Min./Varoma/Stufe 2** kochen. Gelierprobe und dann in Twist off Gläser füllen.

ZUTATEN

750 g Erdbeeren
1 Pk. Gelierzucker 1:2
250 g Sekt

EXOTISCHE KÜRBISMARMELADE

ZUBEREITUNG

Den Ingwer bei **5 Sek./Stufe 8** zerkleinern und auch den Kürbis in 2 Arbeitsgängen bei **Stufe 10** zerkleinern, die Orangen und die Gewürze zugeben, 1 MB Wasser zugeben und bei **15 Min./100 °C/Stufe 2** dünsten. Danach den Gelierzucker zugeben, mit Hilfe des Spatels unterrühren und **5 Min./100 °C/Stufe 2** kochen.

ZUTATEN

800 g Kürbis in Stücken
2 Orangen filetiert
(Saft mit verwenden)
1 St. Ingwer (walnussgroß)
1 Msp. Chilipfeffer
1 Msp. Muskatnuss gemahlen
1/4 TL Nelken gemahlen
1/2 TL Zimt gemahlen
600 g Gelierzucker 2:1

KÜRBIS-APFEL-ORANGEN-MARMELADE

ZUTATEN

200 g Kürbis
200 g Apfel
200 g Orange
300 g 2:1-Gelierzucker
3 EL Weißwein
1 Msp. Zimt und Nelkenpulver

ZUBEREITUNG

Alle Zutaten ca. **10 Sek/Stufe 10** zerkleinern Und dann **10 Min/100 °C/Stufe 2** kochen. Nun noch Weißwein und Zimt und Nelken zugeben und alles in Twist off Gläser füllen. Diese noch auf den Kopf stellen bis sie abgekühlt sind.

LEMON CURD

ZUTATEN

2 unbehandelte Zitronen
150 g Zucker
100 g Butter, weich
2 Eier (Zimmertemperatur)

ZUBEREITUNG

Zitronenschale reiben. Dann den Saft, die Schale und die restlichen Zutaten in den Mixtopf geben und **10 Sek./Stufe 6** mixen. Dann Rühraufsatz aufstecken und ca. **4 Min./80 °C/ Stufe 3** kochen lassen bis es dickflüssig ist. Sofort in Gläser umfüllen!

Anmerkung: Eignet sich auch sehr gut als Kuchenfüllung.

PFIRSICH-MELONEN-MARMELADE

ZUTATEN

600 g Pfirsiche
(entsteint gewogen)
400 g Melone
(vorbereitet gewogen)
Schale 1 unbehandelten Zitrone
1 kg Gelierzucker 1:1
etwas Saft einer Zitrone

ZUBEREITUNG

Pfirsiche häuten, halbieren und entsteinen. Melone schälen, entkernen und in grobe Stücke schneiden. Gelierzucker, Zitronensaft, Zitronenschale und das Obst in den Mixtopf geben und **30 Sek./Stufe 10** zerkleinern. Nun **12 Min./100 °C/Stufe 2** kochen. Danach in sauber, ausgespülte Gläser geben und gut verschließen. Die Pfirsiche müssen nicht unbedingt gehäutet werden, die Haut gibt der Marmelade eine dunklere Farbe.

PFLAUMENMUS (OHNE GELIERZUCKER)

ZUTATEN

1250 g Pflaumen
375 g Zucker
ca. 30 -50 ml Essig
2 Msp. Pflaumenmusgewürz od. Zimt

ZUBEREITUNG

Alles zusammen **40 Min./100 °C/Stufe 6** kochen. Anschließend in heiß ausgespülte Twist Off-Gläser füllen, dann auf den Kopf stellen.

QUITTENMARMELADE

ZUTATEN

750 g geschälte Quitten
1 MB Wasser
Gelierzucker 2:1

ZUBEREITUNG

Geschälte Quitten achteln, Kernhaus entfernen und nochmals quer durchschneiden. Wasser dazu, **9 Min./100 °C, Stufe 1** aufkochen. Dann Gelierzucker dazu und nochmals **9 Min./90 °C/Stufe 3** kochen. Das Ganze **10 Sek./Stufe 10** pürieren.

ZWETSCHGENMARMELADE MIT AMARETTO

ZUTATEN

500 g entsteinte Zwetschgen
2 EL Zitronensaft
250 g Gelierzucker 2:1
½ MB Amaretto

ZUBEREITUNG

Zwetschgen halbieren und in den Mixtopf Gelierzucker und Zitronensaft dazu und dann **10 Min./100 °C/Stufe 3** kochen lassen. Nach Ende der Kochzeit den Likör kurz unterrühren **Stufe 3**. In Gläser füllen und sofort verschließen!

Salate

BLAUKRAUTSALAT MIT SENFGURKE

ZUBEREITUNG

Zutaten für das Dressing **3 Sek./Stufe 3** vermischen. Salatzutaten zugeben und **5 Sek./Stufe 5** mixen.

ZUTATEN

Dressing:

4 EL Zitronensaft

2 TL Senf

2 TL Zucker

¼ TL Salz

Salat:

400 g Blaukraut (Rotkohl)

200 g Äpfel

100 g Senfgurke

(kann auch weggelassen werden)

FARMER–SALAT

ZUBEREITUNG

Für das Dressing von Dosenmilch bis Petersilie alles in den Mixtopf füllen und **10 Sek./Stufe 2-3** mischen. Restliche Zutaten zugeben und **4 Sek./Stufe 5** verrühren.

ZUTATEN

Dressing:

4 EL Dosenmilch

4 EL Öl

2 EL Schmand

1 TL Senf

2 EL Zitronensaft

½ TL Salz

1 Prise Pfeffer

1 TL Zucker

1 TL Petersilie

300 g Weißkraut in groben Stücken

100 g Möhren in groben Stücken

1 Apfel mit Schale, geviertelt

ROTE-BEETE-SALAT

ZUTATEN

1 Zwiebel
400 g rohe geschälte rote Beete in groben Stücken
150 g geviertelter ungeschälter Apfel
1 EL Öl
2 EL Zitronensaft
1 TL Salz
¼ TL Pfeffer
1 Prise Zucker
2 EL Sahne

ZUBEREITUNG

Zwiebel in den Mixtopf geben und **3 Sek./Stufe 5** zerkleinern. Geschälte rote Beete in grobe Stücke geschnitten, geviertelter ungeschälter Apfel, Öl, Zitronensaft, Salz, Pfeffer, Prise Zucker und die Sahne dazugeben und **5 Sek./Stufe 5** zerkleinern.

SCHNELLER ROHKOST-SALAT

ZUTATEN

1 Handvoll Nüsse (nach Geschmack)
2-3 Äpfel
Zitrone (Saft von ½)
3 - 4 Karotten, grob geschnitten
½ MB Sahne

ZUBEREITUNG

1 Handvoll Nüsse (nach Geschmack) **5 Sek./Stufe 7** zerkleinern. Äpfel vierteln und mit Zitrone beträufeln. Karotten, grob geschnitten ebenfalls in den Mixtopf geben und **4 Sek./Stufe 4** mixen. Sahne dazugeben und auf **Stufe 3** kurz vermengen.

WALDORF-SALAT

ZUTATEN

Dressing:
5 EL Öl
6 EL Kondensmilch
3 EL Zitronensaft
1 TL Senf
½ TL Salz
½ TL Zucker
Salat:
180 g Sellerie
180 g Äpfel
1 Handvoll Nüsse

ZUBEREITUNG

Dressing: Öl, Kondensmilch, Zitronensaft, Senf, Salz, Zucker in den Mixtopf geben und **30 Sek./Stufe 6** verrühren. Sellerie, Äpfel und Nüsse zugeben und **15 Sek./Stufe 3** zerkleinern.

Soßen

APFEL-MEERRETTICH-SAUCE

ZUTATEN

125 g süße Sahne
1 Apfel, ohne Kerngehäuse
1 - 2 EL Meerrettich
Zitronensaft
Salz
1 Prise Zucker
Dill

ZUBEREITUNG

Apfel in den Mixtopf geben und **3 Sek./Stufe 10** klein raspeln. Restliche Zutaten zugeben und **30 Sek./Stufe 3** mischen.

CHINESISCHE KNOBLAUCHSAUCE

ZUTATEN

4 Knoblauchzehen
1 EL Honig
2 EL Sojasoße
2 EL trockener Sherry oder Reiswein
1 EL Tabasco
1 TL Sesamöl

ZUBEREITUNG

Alle Zutaten in den Mixtopf geben und **10 Sek./Stufe 7** zerkleinern, dann noch **3 Sek./Stufe 10**.

CURRY SOSSE

ZUTATEN

3 MB Garflüssigkeit
1 geh. EL Mehl
1 flachen EL Curry
etwas Zitrone
2 MB Sahne
½ TL Salz

ZUBEREITUNG

Garflüssigkeit, Mehl, Curry, etwas Zitrone, Sahne und Salz in den Mixtopf geben und **3 Min./90 °C/Stufe 4** kochen lassen.

GRÜNE PFEFFER-SOSSE

ZUTATEN

1/2 l Brühe
30 g Butter
40 g Mehl
1 MB Sahne
1/4 TL Salz
1/4 TL Kräuter der Provence
2 EL grüner Pfeffer
1 TL grob geschroteter schwarzer Pfeffer

ZUBEREITUNG

Alle Zutaten bis auf den Pfeffer in den Mixtopf geben, **8 Min./100 °C/Stufe 1** kochen lassen. Dann Pfeffer unterheben.

INDISCHE CURRYSOSSE

ZUTATEN

150 g Joghurt,
70 g Mayonnaise,
1 Banane
Curry

ZUBEREITUNG

Banane in Stücken in den Mixtopf geben und kurz auf **Stufe 5** verrühren. Restliche Zutaten zugeben und **30 Sek./Stufe 3** mischen. Mit viel Curry abschmecken.

INGWER-CURRY-(DIPP) SOSSE

ZUTATEN

1 TL eingelegter Ingwer
100 g Mayonnaise
Curry
gemahlener Ingwer
Zucker
Salz

ZUBEREITUNG

Alle Zutaten in den Mixtopf geben und alles **4 Sek./Stufe 8** zerkleinern (als Dipp) oder **8 Sek./Stufe 10** dann bisschen Milch dazu und es ist eine Soße.

JÄGERSOSSE

ZUTATEN

1/2 l Brühe
40 g Butter
60 g Mehl
50 g Zwiebeln
1 TL Senf
150 g eingelegte Paprikastreifen
100 g Senfgurken
125 g Pilze aus der Dose
1/2 TL Salz, 1/4 TL Pfeffer

ZUBEREITUNG

Je die Hälfte von Paprika, Gurken und Pilzen gewürfelt in den Gareinsatz geben, übrige Zutaten in den Mixtopf geben, **10 Min./100°C/ Stufe 1** aufkochen, anschließend vermischen.

KNOBLAUCH-SALAT-SOSSE

ZUTATEN

2 Becher Schmand
Saft einer großen Zitrone
2 TL Salz
2 TL Zucker
1 TL weißer Pfeffer
3 TL Birnen- oder Apfeldicksaft
3 Knoblauchzehen geschält
je 1 Bd. Schnittlauch, Dill (gedrittelt)

ZUBEREITUNG

Alle Zutaten **20 Sek./Stufe 10** vermischen. Schmeckt gut zu jeder Art von Blattsalat, Karotten, Gurken etc.

KRÄUTERSOSSE

ZUTATEN

3 MB Garflüssigkeit
1 geh. EL Mehl
1 flachen EL Curry
etwas Zitrone
2 MB Sahne
½ TL Salz

ZUBEREITUNG

Zwiebel pellen und halbieren. In den Mixtopf geben und **5 Sek./Stufe 7** zerkleinern. Apfel mit Schale dazugeben und **7 Sek./Stufe 8** ebenfalls zerkleinern. Frischkäse, Buttermilch dazu geben und **10 Sek./Stufe 5** rühren lassen. Gurke in Stücke schneiden und mit den Kräutern in den Mixtopf geben und **10 Sek./LL/Stufe 3** verrühren. Die Soße mit den Gewürzen kräftig abschmecken. Die Soße schmeckt zu gebackenen Folienkartoffeln.

PIKANTE SOSSE

ZUBEREITUNG

Garflüssigkeit, Mehl, Sahne in den Mixtopf eben und **4 Min./90 °C /Stufe 5** kochen.

ZUTATEN

2 MB Garflüssigkeit
ca. 40 g Mehl
¾ MB Sahne

Zu Fondue

SOSSE ZIGEUNERIN

ZUBEREITUNG

Alle Zutaten in den Mixtopf geben und **30 Sek./Stufe 3** mischen. Kalt stellen!

ZUTATEN

1 EL Senf
1 EL Tomatenketchup
1/2 gehackte Zwiebel
2 cm Sardellenpaste
1 EL Öl
scharfer Paprika
Salz
1 EL Zitronensaft
je 1/2 Tasse gehackte Petersilie und Schnittlauch
1 Tasse Joghurt oder saure Sahne

TEUFELS-SOSSE

ZUTATEN

1 Tasse Ketchup
1 TL mildes Paprikapulver
Salz
Pfeffer
1 zerkleinerte Gewürzgurke
1 EL gehackte Petersilie

ZUBEREITUNG

Alle Zutaten in den Mixtopf geben und **5 Sek./Stufe 8** mischen.

ZWIEBELSOSSE

ZUTATEN

250 g Zwiebeln
1/4 l Brühe
40 g Butter
1/2 TL Salz
1/4 TL Pfeffer
1/4 TL Paprika
1/8 l Weißwein
30 g Mehl

ZUBEREITUNG

Die Zwiebeln in Ringe schneiden und in den Gareinsatz geben, die übrigen Zutaten außer Wein und Mehl in den Mixtopf geben, **10 Min./100 °C/Stufe 1**. Gareinsatz herausnehmen, Wein und Mehl zufügen, **2 Min./100 °C/Stufe 1**. Soße über die Zwiebeln gießen.

Suppen

BROKKOLISUPPE

ZUTATEN

1-2 Brokkoli
½ l Wasser plus
Wasser (nach Bedarf)
2 EL Mehl
Salz
Suppengrün (Suppengrundstock)
Gemüsebrühwürfel
Pfeffer
Muskat
evtl. Zitrone oder Weißwein
½ Becher Sahne

ZUBEREITUNG

Den Brokkoli in Röschen teilen und in den Gareinsatz füllen, ½ l Wasser in den Mixtopf geben und **10 Min./Varoma Stufe 1** erhitzen. Anschließend gegartes Gemüse in den Mixtopf geben, nochmals Wasser zugeben (nach Bedarf). Mehl, Salz, Suppengrundstock, Gemüsebrühwürfel, Pfeffer, Muskat, evtl. Zitrone oder Weißwein und die Sahne **3 Min./80 °C /Stufe 6** kochen lassen.

FRANZÖSISCHE GURKENSUPPE

ZUTATEN

1 Knoblauchzehe
ca. 450 g geschälte Salatgurke in Stücken
120 g Creme Fraiche (ca. 4 EL)
½ l kräftige Gemüsebrühe
1 TL Salz
2-3 Prisen Pfeffer
1 EL Zitronensaft
1 gestr. TL Dill

ZUBEREITUNG

Knoblauchzehe im Mixtopf ca. **5 Sek./Stufe 5** zerkleinern. Salatgurke in Stücken ca. **5 Sek./Stufe 6** zerkleinern. Creme Fraiche und Gemüsebrühe zufügen und **6 Min./80 °C/Stufe 2** erhitzen. Salz, Pfeffer, Zitronensaft, Dill zufügen und **10 Sek./Stufe 4** unterrühren.

GRAUPENSUPPE

ZUTATEN

100 g Bauchspeck
170 g Graupen
170 g Suppengemüse
Maggi
Suppengewürz
1,2 l Wasser
2 Wiener Würstchen in Scheiben

ZUBEREITUNG

Bauchspeck in Stücke schneiden und auf **Stufe 6** zerkleinern, dann **2 Min./90 °C/Stufe 2** andünsten. Graupen, Suppengemüse, Maggi und Suppengewürz mit Wasser zugeben auf **Stufe 2-3** kurz verrühren, dann **35 Min./100 °C/ Stufe 2** köcheln lassen. 2 Min. vor Garzeitende Würstchen dazugeben und erhitzen.

GURKENCREME-SUPPE

ZUTATEN

1 Knoblauchzehe
1 Zwiebel halbiert
1 Salatgurke
200 g Wasser
200 g Sahne
1 Würfel Gemüsebrühe
¼ TL Salz
2 Prisen Pfeffer
10-15 g Mehl oder Reismehl
2 TL Dillspitzen

ZUBEREITUNG

Knoblauchzehe, Zwiebel, Salatgurke in Stücken in den Mixtopf geben und **3 Sek./Stufe 6** zerkleinern. Wasser, Sahne, Brühwürfel, Salz, Pfeffer und Mehl oder Reismehl zugeben und **3 Sek./Stufe 4** verrühren, dann **7 Min./90 °C/Stufe 1** garen. Am Schluss Dillspitzen zugeben und **30 Sek./Stufe 8** pürieren.

KARTOFFELSUPPE MIT PILZEN

ZUTATEN

200 g Lauch
300 g mehlig kochende Kartoffeln
½ Ltr. Gemüsebrühe, instant
1 ½ TL Thymianblättchen
2 frisch gehackte Liebstöckelblätter (Maggikraut)
200 g kleine Champignons
50 g Butter
2 EL Petersilie, gehackt
Pfeffer aus der Mühle
4 EL Creme fraiche

ZUBEREITUNG

Lauch geputzt längs halbieren, in feine Streifen schneiden. Kartoffeln waschen und dünn schälen. Kartoffeln auf **Stufe 5** zerkleinern und umfüllen. Gemüsebrühe im Mixtopf **5 Min./100 °C/Stufe 3** garen. Kartoffeln dazugeben und **8 Min./100 °C/Stufe 2** garen, bis die Kartoffeln weich, aber noch bissfest sind. Nun Pilze putzen, in Scheiben schneiden, in Kartoffelsuppe **3 Min/90 °C/Stufe 1** ziehen lassen. Butter und Petersilie zugeben, mit Pfeffer würzen. Vor dem Servieren jeweils etwas Creme Fraiche in Tellermitte geben.

KLARE GEMÜSESUPPE

ZUTATEN

1 Zwiebel
1 Knoblauchzehe
25 g Olivenöl
1 Tomate halbiert
120 g Paprika, gelb, in Stücken
120 g Brokkoliröschen
750 g Wasser
1 ½ Würfel Gemüsebrühe
1 TL Salz
1 Prise Pfeffer
100 g Nudeln (z.B. Gabelspaghetti)
Zubereitung als Cremesuppe:
½ MB Sahne

ZUBEREITUNG

Zwiebel, Knoblauchzehe **5 Sek./Stufe 5** zerkleinern. Nun Olivenöl dazu geben und **2 Min./Varoma/Stufe 1** andünsten. Tomate, Paprika in Stücken dazu geben und **3-4 Sek./Stufe 4** zerkleinern. Brokkoliröschen, Wasser, Brühwürfel, Salz, Pfeffer hinzufügen und Nudeln in den Mixtopf geben und **12 Min./Varoma/LL/Stufe 1** garen.

Zubereitung als Cremesuppe: Sahne zugeben und **20 Sek./Stufe 8-10** pürieren (Deckel festhalten).

LACHSCREME-SUPPE

ZUTATEN

½ l Milch
2 MB Sahne
2 EL Tomatenmark
2 TL Suppengrundstock oder Brühe
2-3 gekochte Kartoffeln oder
2 EL Stärkemehl
1 TL Dill
100 g Räucherlachs
1 Scheibe Lachs in Streifen

ZUBEREITUNG

1 Scheibe Lachs in Streifen schneiden u. zur Seite stellen. Milch, Sahne, Tomatenmark, Suppengrundstock oder Brühe, gekochte Kartoffeln oder Stärkemehl, Dill und den Räucherlachs in den Mixtopf geben und **8 Min./80 °C/Stufe 4** kochen. 1 Min. vor Ablauf der Zeit Messer auf **Stufe 1/LL** zurückstellen u. Lachsstreifen durch die Deckelöffnung zugeben.

PETERSILIENSUPPE

ZUTATEN

1 Bund Petersilie
1 Knoblauchzehe
20 g Butter
500 g Magermilch
200 g Schlagsahne
1 EL Gemüsebrühe, Instant
Pfeffer
Muskatnuss (nach Geschmack)
½ MB Mehl (Type 405)

ZUBEREITUNG

Petersilie und Knoblauch auf **Stufe 10** aufs Messer fallen lassen) zerkleinern. Butter zugeben und **3 Min./100 °C/ Stufe 3** dünsten. Restliche Zutaten außer Mehl dazugeben, **8 Min./90 °C/Stufe 3** rühren. Nach 1 Min. Mehl dazu und alles etwas sämig rühren.

SPINAT CREME

ZUTATEN

½ Zwiebel,
1 Knoblauchzehe
30 g Butter
450 g tiefgekühlter Spinat
1 Becher Schmand
4-6 gekochte Kartoffeln
100 g Schmelzkäse
1 Brühwürfel
1 TL Salz
1 TL Pfeffer
Muskat
etwas Sahne

ZUBEREITUNG

Zwiebel, Knoblauchzehe im Mixtopf ca. **5 Sek./Stufe 5** zerkleinern. Butter zugeben und **3 Min./Varoma/Stufe 2** andünsten. Tiefgekühlten Spinat (1 Paket, angetaut in Stücken), Schmand, gekochte Kartoffeln, Schmelzkäse, Brühwürfel, Salz, Pfeffer zugeben und **30 Sek./Stufe 6** pürieren, mit Wasser bis auf 2 Liter auffüllen und **10 Min./80 °C/Stufe 2** kochen lassen. Anschließend evtl. **½ Min./Stufe 8** nochmals pürieren und mit Muskat abschmecken. Zum Schluss etwas Sahne zufügen.

SUPPEN-GRUNDSTOCK

ZUTATEN

700 g Gemüse
(Karotten, Lauch, Sellerie,
Selleriekraut, Petersilie,
Schnittlauch, Liebstöckl)
100 g Meersalz

ZUBEREITUNG

Gemüse und Meersalz in den Mixtopf geben und auf **Stufe 6-8** zu Mus verarbeiten. Ab und zu nachsehen.

Hinweis: Kann so bis zu einem Jahr dunkel im Kühlschrank oder kühlem Keller gelagert werden.

TOMATENSUPPE

ZUBEREITUNG

Zwiebel und Knoblauchzehen in den Mixtopf geben und **3 Sek./Stufe 5** zerkleinern. Butter ebenfalls dazu geben und **2 ½ Min./Varoma/Stufe 2** andünsten – dann ausschalten. Tomaten (grob geschnitten) einfüllen und **15 Sek./Stufe 8** zerkleinern. Nun noch Pfeffer, Salz, Zucker, MB Wasser, Brühwürfel und das Tomatenmark einfüllen und **6 Min./80 °C/Stufe 2** laufen lassen. Dann die Sahne dazugeben und nochmals **30 Sek./Stufe 8** pürieren. Evtl. mit Balsamico nach Geschmack abschmecken.

ZUTATEN

1 Zwiebel
1-2 Knoblauchzehen
30 g Butter
300 g Tomaten (grob geschnitten)
1 Prise Pfeffer
½ TL Salz
1 Prise Zucker
2 ½ MB Wasser
1 Brühwürfel
1-2 EL Tomatenmark
½ MB Sahne
Evtl. 1 EL Balsamico nach Geschmack

ZUCCHINI SUPPE

ZUBEREITUNG

Zwiebel, grob schneiden, Knoblauchzehen pellen und in den Mixtopf geben **5 Sek./Stufe 5** zerkleinern. Butter dazugeben und **3 Min./Varoma/Stufe 2** andünsten. Dann die grob geschnittenen Zucchini zufügen und **10 Sek./Stufe 8** zerkleinern. Pfeffer, Gemüsewürfel Wasser, Salz dazugeben **6 Min./80 °C/Stufe 2** erhitzen. Nun noch die Sahne dazu und **30 Sek./Stufe 6** mixen. Am Schluss ca. **10 Sek./Stufe 8-10** pürieren.

ZUTATEN

1 mittelgroße Zwiebel, grob geschnitten
1-2 Knoblauchzehen
30 g Butter
300 g Zucchini grob geschnitten
1 Prise Pfeffer
1 Gemüsewürfel od. 1 EL Gemüsebrühe
¼ l Wasser
½ TL Salz
½ MB Sahne

WEITERE REZEPTE FINDEN SIE AUF UNSERER INTERNETSEITE WWW.LANDHAUS-TEAM.DE UND IM BUCHHANDEL.

Schlank Schlemmen

ISBN: 978-3-944531-00-7

Herbstzauber

ISBN: 978-3-944531-01-4

Winterträume

ISBN: 978-3-944531-02-1

Summerfeeling

ISBN: 978-3-944531-03-8

Österreichische Küche

ISBN: 978-3-944531-04-5

Frühlingsgefühle

ISBN: 978-3-944531-05-2